FÉMININ SACRÉ

ZÉRO BLABLA

AU PROGRAMME

LE FÉMININ SACRÉ, MAIS QU'EST-CE QUE C'EST ?

Si tu tiens ce livre entre tes mains, c'est que, toi aussi, tu fais partie de ces femmes qui veulent aller à la rencontre d'elles-mêmes et explorer leur source, leur potentiel. Nous sommes nombreuses à souhaiter arrêter de subir notre vie, d'en être spectatrices et de consentir silencieusement à ce qui se passe. Nous ressentons un appel, comme l'intuition d'une réponse plus souterraine, le besoin de descendre dans notre intériorité pour créer la vie que nous souhaitons, sans attendre une quelconque validation extérieure.

MY TURN !

S'éveiller à son Féminin sacré, c'est se réapproprier sa vie pour en devenir l'actrice principale ; c'est aller à la rencontre de la déesse qui sommeille en soi, sa part divine, magique, puissante.

BIENVENUE À TOI !

TU T'APPRÊTES À VIVRE L'UNE DES EXPÉRIENCES LES PLUS ENRICHISSANTES DE TA VIE.

Il est temps pour nous de nous affranchir des conditionnements et des croyances limitantes, de nous reconnecter à l'énergie créatrice, intuitive, aimante et bienveillante.

CHICHE ?

Et si l'on osait célébrer notre nature féminine et l'incarner pleinement pour permettre une harmonie en soi et dans le monde ?

Je te souhaite un beau voyage…

« LA FEMME QUI A INTÉGRÉ LE FÉMININ SACRÉ NE CHERCHE PLUS LA SOURCE, ELLE EST LA SOURCE. »

Paule Salomon

FÉMININ/MASCULIN SACRÉS, QUI PEUT M'EXPLIQUER ?

LE SACRÉ implique la reconnaissance de l'existence de quelqu'un ou de quelque chose comme divin, indépendamment de toute religion.

LE FÉMININ SACRÉ, c'est la dimension divine de la nature féminine.

ÉVEILLER SON FÉMININ SACRÉ, c'est aller à la rencontre de la dimension sacrée, spirituelle qui nous habite.

LA SPIRITUALITÉ N'EST PAS LA RELIGION

« LA RELIGION, C'EST CROIRE EN L'EXPÉRIENCE DE QUELQU'UN. LA SPIRITUALITÉ, C'EST VIVRE SA PROPRE EXPÉRIENCE. »

Deepak Chopra

La spiritualité nous permet de nous relier à quelque chose de plus grand que nous, le Tout, l'Univers, l'Énergie Force, la force qui permet au bourgeon de devenir fleur, au Vivant (peu importe le nom que nous lui donnons). Elle élève notre niveau de conscience et notre taux vibratoire. Elle nous permet de nous libérer de ce qui n'est pas Nous. La spiritualité s'affranchit de toute religion ou dogme, car elle nous invite à la découverte de nous-même, à nous défaire des conditionnements pour que se révèle notre vraie nature.

Il en est de même pour le Masculin sacré. On ne peut parler de l'un sans évoquer le second : les deux sont liés, complémentaires. Si les hommes sont appelés à incarner leur Masculin sacré, chaque être humain – que l'on soit femme, homme, transgenre, transsexuel(le) – porte en lui un mélange subtil et unique de féminin/masculin. Ces deux énergies s'imbriquent, se complètent. Elles font partie de nous et nous permettent une connexion intérieure à soi, au Tout.

Qualités féminines et masculines

FÉMININ	MASCULIN
Réceptivité (attention, pas la passivité)	Activité / passage à l'action
Guidance, spiritualité	Protection
Intuition	Raison, logique, intellect
Sagesse	Audace
Force intérieure	Force extérieure
Amour inconditionnel, compassion	
Création, nourricier	Soutien, pose un cadre
Sensibilité, empathie, bienveillance	Sécurité physique et émotionnelle
Beauté, harmonie, paix, guérison	
Douceur, sensualité	Force douce, vigueur
Intériorité, écoute	
Coopération, entraide	
Monde subtil/invisible	Monde tangible/visible
Cyclique	Linéaire
Associée à la Lune et la Terre	Associé au Soleil et au Ciel
Guide dans l'amour et la bienveillance	Protège et aide ; ancre dans la matière (sans chercher à diriger, contrôler, détruire)

Concrètement, ton énergie féminine crée une idée, dans le monde subtil (par exemple, j'ai envie de dessiner). L'énergie masculine te permet de passer à l'action, pour ancrer ton idée dans la matière et l'incarner dans le monde physique (je vais acheter le matériel nécessaire pour dessiner et je dessine).

Le principe Féminin crée, le principe Masculin fournit la matière à la création. Les deux énergies sont différentes, et c'est ce qui fait toute leur richesse ; chacune au service de l'autre. Loin de les considérer comme une source de séparation, cherchant à proclamer la supériorité de l'une sur l'autre, le Féminin et le Masculin sacrés se reconnaissent l'un et l'autre comme étant complémentaires, permettant l'expression de notre véritable nature pour un équilibre et une harmonie retrouvés.

UN PEU D'HISTOIRE...

LE DIVIN ÉTAIT FÉMININ

Les premières statuettes représentant le divin étaient féminines. Dieu était une femme, une mère, une divinité féminine de l'Univers, force de vie. Des découvertes (notamment celles de James Mellaart sur les sites Çatal Höyük et Hacilar en Turquie) ont révélé l'existence de cultes à la Déesse Mère aux ères du Paléolithique et du Néolithique (-25 000 ans à -4 000 ans environ). Merlin Stone a quant à elle identifié des légendes à propos de la Déesse des Origines à Babylone, en Égypte, en Afrique, en Australie ou encore en Chine.

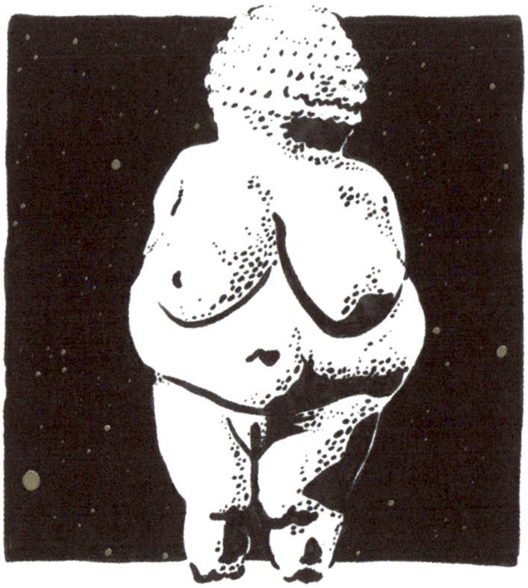

À L'ORIGINE...

La femme incarnait la spiritualité et était vénérée pour sa sagesse, son don de vision et son pouvoir de création.

LE DIVIN MASCULIN

Dans l'Antiquité, les dieux font leur place aux côtés des déesses en Occident, jusqu'à leur voler la vedette. Les religions judéo-chrétiennes prônent l'existence d'un dieu masculin unique, qui n'a besoin d'aucune femme pour créer le monde (y compris la femme elle-même). Punissable, la femme est infériorisée et diabolisée, source de tous les maux de l'humanité. Les religions monothéistes instaurent par là même une société patriarcale qui proclame l'ordre et la raison. Le culte des divinités féminines est relégué au rang d'un paganisme mystérieux et sombre (jusqu'à conduire à la chasse aux « sorcières »).

LA SOCIÉTÉ PATRIARCALE

Elle valorise essentiellement l'action, l'ego, la recherche du pouvoir et du contrôle sur les femmes et la Terre. Avec l'arrivée des outils (la charrue, notamment), l'homme modifie son rapport au monde ; il se pose en créateur. Là où la femme était une puissance magique et fécondante, une figure maternelle et nourricière, l'homme impose son fonctionnement mécaniste et l'exploite comme une ressource. En bafouant et en ignorant les qualités féminines, celles du masculin sont dénaturées, déséquilibrées.

LE PATRIARCAT, CÉKOIÇA ?

Selon le dictionnaire Larousse, le patriarcat est une forme d'organisation sociale dans laquelle l'homme exerce le pouvoir dans les domaines politique, économique, religieux ou détient le rôle dominant au sein de la famille par rapport à la femme.

LE FÉMINISME – UN GAIN DE LIBERTÉ, UNE PERTE DU FÉMININ

Les années 1960 marquent, pour les femmes, un gain de liberté sur les plans civique et financier : le droit de travailler sans l'accord de leur mari en 1965 ; le droit d'avorter dix ans plus tard... Grâce au combat du MLF (mouvement de libération des femmes) et de grandes figures telles qu'Antoinette Fouque ou Simone de Beauvoir, nous sommes désormais indépendantes, maîtresses de notre fécondité et libres de nos choix. Mais, pour nous faire une place aux côtés des hommes, nous avons joué à leur jeu, utilisé les qualités dénaturées du masculin (le mental, l'efficacité économique), abandonnant ainsi les qualités du féminin.

À NOUS D'AGIR !

Les féministes du XXe siècle ont reconquis notre liberté, à nous aujourd'hui de leur exprimer toute notre gratitude en incarnant notre énergie féminine, notre liberté d'ÊTRE en toute intégrité.

ÊTRE FEMME, AUJOURD'HUI, CE N'EST PAS SI SIMPLE !

FEMME CORSETÉE

Selon le pays dans lequel on vit, sa culture, sa mode, ses croyances nous imposent des conditionnements. On attend de la femme, parfois honorée, parfois rejetée, qu'elle se montre ou qu'elle se fasse transparente ; qu'elle plaise ou qu'elle cache son corps au risque d'être punie pour sa sensualité ; qu'elle travaille ou qu'elle reste à la maison.

À LA RECHERCHE DE SA FÉMINITÉ...

Pas étonnant que la confiance en nous nous fasse défaut ! On recherche une validation extérieure pour être aimée ; on ne sait même plus comment ÊTRE femme.

Certaines se parent d'accessoires dits « féminins » mais ont perdu toute féminité intérieure. D'autres refusent tout ce que la société attend d'elles (maquillage, cheveux longs, robes...), y compris les qualités de l'énergie féminine.

COMPÉT' À TOUS LES ÉTAGES

Nous sommes en conflit avec notre corps, et avec les autres femmes.

La compétitivité prime. Il faut être la meilleure, la plus belle, la plus productive.

Parce qu'on n'a pas conscience de notre valeur, on n'ose pas prendre notre place, ou bien on la prend de manière excessive, afin de capter l'attention, recherchant sans cesse la validation venant d'un(e) autre. On attire à nous des relations qui n'honorent pas la femme sacrée que nous sommes.

LE TEMPS DE LA RÉCONCILIATION

Aujourd'hui, nous sommes de plus en plus nombreuses à affirmer que ce système ne nous convient pas. On est fatiguées de lutter, de ne jamais se sentir « assez ». On veut croire en une alternative plus juste, plus vraie. On a envie d'honorer les femmes que nous sommes !

LE CYCLE MENSTRUEL

Il est perçu comme une faiblesse. La société attend des femmes qu'elles soient productives tout le temps, de manière linéaire (comme les hommes). Aussi, les phases extraverties de notre cycle sont bien acceptées, tandis que les phases prémenstruelles et menstruelles sont montrées du doigt. Les seules représentations des règles en disent long sur la considération de la femme dans la société. En Occident, tout est fait pour que nos règles passent inaperçues, même les publicités cachent le sang pour le remplacer par un liquide bleu. Au Népal, les femmes doivent quitter leur maison pendant leurs règles, étant jugées impures, souillées, sales.

À FORCE DE NOUS PLIER AUX DIVERSES INJONCTIONS DICTÉES PAR LA SOCIÉTÉ, NOTRE FÉMININ EST BLESSÉ.

FAIBLESSES, VRAIMENT ?

Les qualités propres à l'énergie du féminin (l'empathie, l'amour, l'intuition, la réceptivité) passent pour des faiblesses de caractère. Elles sont ignorées par la société patriarcale, qui valorise le rendement, la productivité, la compétitivité, l'exploitation des ressources.

POURQUOI T'ÉVEILLER À TON FÉMININ SACRÉ ?

« Lorsque les femmes ne seront plus perdues,
à demander aux autres de leur dire ce qu'elles devraient faire
ou comment elles devraient vivre, il y aura de grands changements
dans notre monde. »

Jamie Sams

POUR INCARNER TON PLEIN POTENTIEL

S'éveiller à son Féminin sacré, c'est renouer avec sa puissance créatrice. Ça signifie aussi que tu es responsable de ta vie, puisque tu portes en toi la puissance nécessaire pour créer ce que tu souhaites, sans compromis. Tu n'as besoin d'aucune validation extérieure, tu occupes enfin ta place dans l'Univers. T'autoriser à réaliser tes rêves est la meilleure façon d'exprimer ton unicité, ta médecine personnelle pour l'offrir au monde.

POUR RÉINCARNER TON CORPS DE FEMME

La réappropriation de la puissance du féminin passe par le corps, notamment par notre utérus. On prend conscience de nos énergies cycliques, on se reconnecte à nos sensations, notre intuition, on prend soin du corps pour mieux l'aimer et l'habiter.

POUR T'HONORER

On a toutes reçu des conditionnements (de l'entourage, de la société) sur ce que c'est qu'être femme. Nous portons les souffrances de nos lignées en héritage, elles-mêmes blessées dans leur féminin/masculin. S'affranchir de celle que l'on croit devoir être nous redonne notre puissance créatrice. Quoi de plus jouissif que de s'aimer et se libérer du jugement des autres ?

POUR TE GUÉRIR

On peut se réapproprier nos « faiblesses » comme autant de forces ! Cela va nous permettre de gagner en confiance pour affirmer nos besoins et notre valeur sans rougir. C'est de cette façon que l'on se sentira heureuses, épanouies, avec un sentiment de plénitude dans le cœur.

Y A PLUS QU'À !

À nous d'apprendre à recevoir plutôt qu'agir, nourrir plutôt que détruire, relier toute forme de vie plutôt que les considérer comme séparées, et les aimer plutôt que les combattre.

POUR GUÉRIR LE MONDE

Chaque femme est un message au monde. Tu as la possibilité – la responsabilité, aussi – de faire bouger les lignes pour les futures générations. Réveiller et incarner ta déesse intérieure, c'est ta façon de contribuer au monde, en guidant par l'exemple plutôt que par la compétition. Tu inspires les autres à faire de même ; tu invites les hommes à découvrir et incarner leur Masculin sacré.

POUR GUÉRIR LA TERRE

Nous avons pillé la Terre-Mère, la considérant comme un stock de ressources, et abusé des femmes, des peuples premiers et des animaux. Le monde en souffre. Accepter et honorer le principe féminin en nous et en toute chose, c'est aussi incarner notre rôle de gardiennes de la Terre pour une coopération plutôt qu'une compétition.

LA FEMME CYCLIQUE

UNE CONNEXION D'ÉNERGIES

Chaque mois, notre corps se fait le théâtre de dominantes énergétiques qui nous connectent directement au cycle lunaire et à celui des saisons. Nous avons la connaissance intuitive des énergies de vie - croissance - déclin - mort, nous les portons dans notre ventre. Tout est changeant, en perpétuel mouvement.

Tantôt dynamique et extravertie, tantôt nourricière et généreuse, tantôt créatrice, tantôt en repos… Quatre dominantes énergétiques, quatre phases, que tu vas pouvoir découvrir dans les pages qui suivent, pour mieux te réapproprier ta nature cyclique.

MIEUX SE CONNAÎTRE

T'éveiller à ton Féminin sacré implique d'abord de prendre conscience de cette fabuleuse magie que tu portes en toi. En te reconnectant avec ta cyclicité, tu vas comprendre les changements naturels de ton énergie et pouvoir lâcher prise sur la volonté d'être toujours efficace et dynamique. Connaître nos différentes énergies permet de mieux se comprendre et de surfer sur la vague en toute sérénité, sans s'épuiser ; mais aussi de ressentir la plénitude et la fierté d'être femme.

LE CYCLE MENSTRUEL

Reprendre conscience et connaissance de ton corps, de ce phénomène intrinsèque à la nature féminine, est essentiel pour reconquérir ta puissance créatrice. Petit rappel…

La durée moyenne de notre cycle est de 28 jours, mais, bien entendu, il varie d'une femme à l'autre ! Tout se passe dans notre utérus… La muqueuse qui recouvre ses parois s'appelle l'endomètre, elle s'épaissit jusqu'à l'ovulation. Pendant l'ovulation, l'un de tes deux ovaires (ils alternent chaque mois) libère un ovule qui passe par les trompes de Fallope pour venir se loger dans ton utérus. S'il n'y a pas fécondation, alors la couche superficielle de l'endomètre se désagrège avec l'ovule. C'est ce qui donne le sang menstruel.

Ton corps fait le ménage de lui-même une fois par mois, pour accueillir le nouveau cycle à venir.

VIVE LES RÈGLES !

La société entretient la croyance que les règles sont un mauvais moment à passer, une faiblesse du genre féminin qui nous rend incontrôlables. Notre nature souple et changeante ne colle pas avec la société patriarcale, linéaire et sclérosante, dans laquelle on évolue. C'est la raison pour laquelle la majorité d'entre nous a la sensation de subir son cycle. Et si l'on choisissait de le magnifier à la place ?

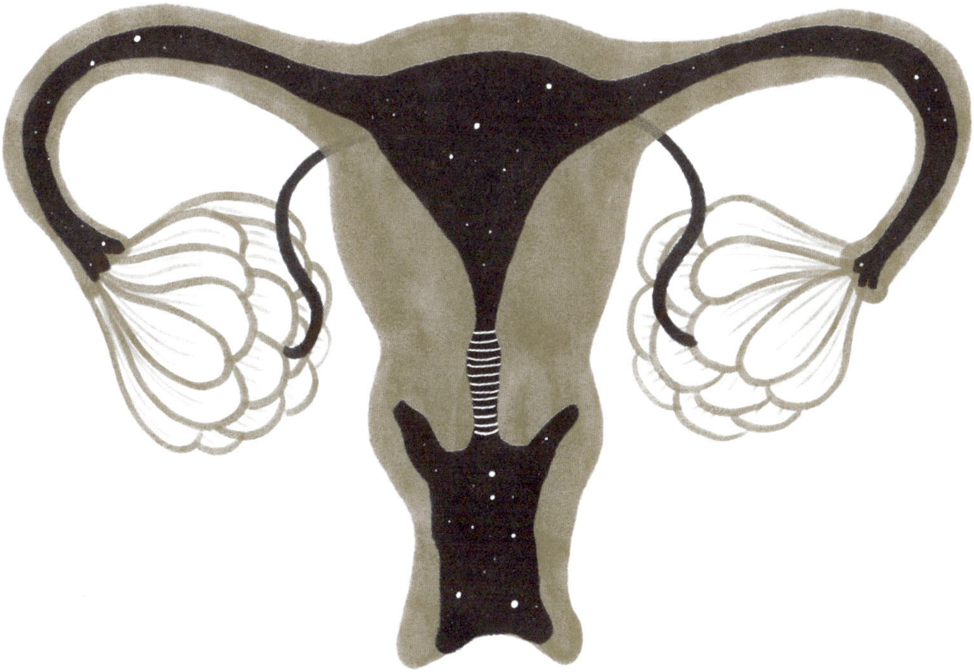

POUR ALLER PLUS LOIN

Tu peux lire **Le Grand Mystère des règles** de Jack Parker (J'ai Lu, 2018), **Ceci est mon sang** d'Élise Thiébaut (La Découverte, 2017) et regarder le documentaire **28 jours** écrit et réalisé par Angèle Marrey et en accès libre sur YouTube pour notre plus grand bonheur !

L'AIDE DES ARCHÉTYPES

ARCHÉTYPE, QUES ÆQUO ?

C'est un symbole, une représentation universelle issue de l'inconscient collectif, qui se concrétise dans les mythes, les contes, le folklore, et à qui l'on peut s'identifier pour éveiller une certaine qualité.

QUEL ARCHÉTYPE CHOISIR ?

Multiples, les archétypes varient selon les cultures et les traditions. Mais même si les représentations symboliques peuvent changer, elles expriment la même essence, passionnant, non ?

Tu pourras te sentir plus attirée par une certaine culture, ou bien te nourrir de plusieurs d'entre elles. Fais-toi confiance, et explore pour découvrir les archétypes qui correspondent à ta sensibilité et tes besoins. *Les 13 Mères originelles* de Jamie Sams (Véga, 2011), par exemple, sont des archétypes vers lesquels tu peux te tourner ; mais aussi les déesses (Isis, Artémis, Gaïa...) et même les personnages de contes (comme Cendrillon, notamment).

DES GUIDES, PAS DES DIKTATS !

En aucun cas les archétypes n'incarnent des injonctions, bien au contraire ! Ce sont de véritables remèdes pour régénérer une qualité d'être pas ou peu explorée. C'est une façon de comprendre notre nature, de l'accepter pour vivre en harmonie avec elle.

ÇA SERT À QUOI ?

L'aide des archétypes féminins peut nous aider à comprendre l'essence féminine et ainsi réactiver une richesse fabuleuse ! En contactant l'un d'entre eux et en s'y identifiant, on y puise les richesses qu'il exprime, on éveille les énergies qu'il incarne par l'écho qu'il réveille en nous. Une telle expérience ne relève pas du mental et de l'intellect mais bel et bien d'une compréhension intuitive, plus profonde. Autant dire que c'est une aide précieuse pour descendre dans notre intériorité, à la source du féminin !

4 ARCHÉTYPES DU CYCLE FÉMININ

De l'adolescence jusqu'à la ménopause, nous traversons chaque mois quatre énergies, libérées pendant notre cycle menstruel. C'est pourquoi, il est très utile de connaître les quatre archétypes de Miranda Gray, super évocateurs, pour comprendre notre nature cyclique. Chacun incarne une dominante énergétique, qui s'exprime un temps, puis cède sa place à une autre. 4 archétypes donc, pour 4 phases énergétiques, qui font écho aux énergies libérées pendant le cycle lunaire et celui des saisons. Une merveilleuse façon de mieux saisir les rythmes et les forces de l'Univers que nous portons en nous.

Bien évidemment, rien n'est figé, chacune d'entre nous va ressentir, expérimenter son cycle avec un vécu qui lui est propre. Le passage d'une dominante énergétique à l'autre n'est pas net, il ressemble plutôt à un fondu enchaîné au cinéma, un glissement progressif de l'une à l'autre. Tout est toujours en mouvement !

UNE RÉFÉRENCE INCONTOURNABLE

Miranda Gray, l'auteure de **Lune rouge** (Macro Éditions, 2017) et **Femme optimale** (Le Courrier du Livre, 2015) est une référence pour aborder le cycle féminin et ses dominantes énergétiques.

LA JEUNE FILLE

Je jouis des plaisirs de la vie
et je sème les graines de mes rêves.

LE PREMIER CROISSANT DE LUNE

À l'image du printemps et de la lune croissante, la Jeune Fille incarne la renaissance, le début d'un cycle nouveau, et avec lui tous les possibles ! C'est le moment idéal pour poser nos intentions, semer les graines de ce qu'on a envie de voir fleurir dans notre vie.

Elle incarne l'énergie physique retrouvée, cet élan vibrant que tu ressens quand la nature se réveille après avoir traversé l'hiver, légère, délestée de tout ce dont elle n'avait plus besoin.

LE PRINTEMPS

Les jours se rallongent, la lumière prend le pas sur l'obscurité… Les animaux sortent de leur tanière, les bourgeons apparaissent… tout dans la Jeune Fille ne demande qu'à se remettre en mouvement et explorer la vie ! Curieuse de tout, elle veut rencontrer de nouvelles personnes, essayer de nouvelles activités. Elle incarne la vitalité et la joie de vivre ! Spontanée, elle veut s'amuser, croquer la vie à pleines dents… y compris par la sexualité. Son énergie est extravertie, mais pour elle-même. Elle pense à elle et ses plaisirs avant tout…

GO, GO, GO !

Déterminée, la Jeune Fille fourmille d'idées, elle a confiance en elle et entreprend vite ! Elle a besoin de moins de sommeil que pendant l'hiver. Porteuse d'une énergie nouvelle, tu te sens prête à soulever des montagnes et à relever tous les challenges !

LA GROSSE PÊCHE

Concrètement, c'est la phase de ton cycle pendant laquelle tu es la plus dynamique et efficace sur le plan mental (concentration, mémorisation). Tes pensées gagnent en clarté, c'est le moment idéal pour t'organiser, mettre des choses en place et rattraper le retard accumulé.

PHASE PRÉ-OVULATOIRE

La Jeune Fille correspond à la phase folliculaire ou pré-ovulatoire pendant laquelle le corps produit des œstrogènes.

PROFITER !

La Jeune Fille nous invite à profiter de la vie et à nous faire passer en premier.
Elle nous invite à affirmer nos envies et à passer à l'action pour les attirer à soi.

LA MÈRE

Je rayonne de plénitude
et nourris les rêves.

PHASE OVULATOIRE

La Mère correspond à la phase ovulatoire pendant laquelle l'un de tes deux ovaires libère un ovule.

LA PLEINE LUNE

À l'image de la généreuse abondance de l'été et de la lune pleine, la Mère incarne la maturité, l'expansion.

L'ÉTÉ

C'est la saison pendant laquelle les jours sont les plus longs, baignés de lumière. Les fruits mûrs, la végétation luxuriante... tout n'est qu'abondance, joie et vitalité. Tout invite à la sociabilité et à la célébration !

ÉPANOUISSEMENT

La Mère nous invite à habiter pleinement notre corps et à rayonner de plénitude et d'amour. Nous sommes alors disponibles pour partager cet amour et nourrir les graines semées autour de nous.

TOURNÉE VERS LES AUTRES

Très sociable et avenante, la Mère a besoin de peu de sommeil. Elle a toujours envie de sortir, mais l'énergie diffère de celle de la Jeune Fille. Là où cette dernière est focalisée sur ses propres envies, la Mère s'efface au profit des personnes qui l'entourent. Elle rayonne d'un amour désintéressé. Son caractère altruiste, patient et empathique lui offre une plus grande compassion. C'est la phase du cycle pendant laquelle on est plus tolérante aux divergences de points de vue. Du coup, la communication est fluide et facile, on est à l'écoute des besoins des un(e)s et des autres.

LA MÈRE NOURRICIÈRE

Elle incarne le caractère nourricier du féminin. Elle nourrit les projets déjà en place et apporte son soutien aux personnes de son entourage. Sa dévotion et son amour profond s'expriment aussi dans sa sexualité.

Naturellement ouverte sur le monde qui l'entoure, la Mère se sent à sa place, en harmonie dans le grand Tout.

L'ENCHANTERESSE

Je récolte, je crée pour
libérer mes énergies.

LA LUNE DÉCROISSANTE

L'obscurité gagne sur la lumière, à l'image de l'Enchanteresse qui porte en elle les énergies destructrice et créatrice (il peut y avoir fécondation ou non). Elle incarne la dualité inhérente à toute femme, qui fascine en même temps qu'elle effraie. Le voile entre les mondes visible et invisible se fait plus fin, d'où sa sensibilité à fleur de peau.

L'AUTOMNE

Après l'effervescence de l'été, l'Enchanteresse a besoin de ralentir et de revenir dans son intériorité, à l'écoute de ses besoins. La Nature offre une dernière danse de couleurs chatoyantes. C'est le moment de récolter ce qui a été semé. L'Enchanteresse honore ce qui a été bon pour elle, les rêves qu'elle a vu grandir. Comme les arbres se débarrassent de leurs feuilles pour préserver leur énergie, il est temps de nous délester de ce qui ne nous convient plus.

PHASE PRÉMENSTRUELLE

L'Enchanteresse correspond à la phase prémenstruelle, pendant laquelle l'ovule (fécondé ou non) se déplace jusque dans l'utérus.

UN EXUTOIRE : LA CRÉATION

Créer permet de libérer les énergies et d'évacuer la tension, quitte à détruire ensuite (on sera rarement satisfaite de ce que l'on aura créé). L'Enchanteresse se fait plus proche de sa nature profonde, et sa sexualité peut être plus pulsionnelle et intense.

ALERTE MÉTÉO

L'énergie physique diminue, les pensées sont moins structurées... Nos intuitions et nos émotions se font plus fortes, et les énergies créatrices se développent. On ressent le besoin de les exprimer alors que l'on fatigue plus vite ; d'où la frustration, la colère ou la tristesse (voire le combo gagnant) qu'on associe au syndrome prémenstruel. On se sent plus vulnérables aux difficultés, et plus intolérantes aux banalités de l'existence.

ÉNERGIE CRÉATIVE

L'Enchanteresse nous invite à écouter nos ressentis et à libérer nos énergies créatrices (qui autrement auraient donné naissance à un enfant). On peut alors se rapprocher d'une pratique spirituelle et intuitive pour développer notre lien au monde subtil.

SYNDROME MYSTÉRIEUX

Le syndrome prémenstruel est complexe, unique à chacune d'entre nous, même si certains signes nous sont communs. L'accompagnement par un(e) naturopathe peut se révéler très enrichissant pour mieux le comprendre et l'identifier.

LA FEMME SAGE

J'épure pour ne garder que l'essentiel, je me régénère.
Je fais silence pour recevoir mes intuitions.

L'HIVER ET LA LUNE NOIRE

Ils symbolisent le déclin de l'énergie. Les jours sont les plus courts de l'année, l'ombre triomphe sur la lumière. Comme certains animaux, la Femme Sage hiberne, elle se retire du monde pour intégrer le cycle achevé. C'est une période de transition entre la fin d'un cycle et le début d'un nouveau ; propice au bilan et à l'introspection…

PAUSE !

À l'image de la Terre, La Femme Sage se repose. Elle recherche le calme lui permettant d'accueillir ce qui se passe en elle pour se focaliser sur ses besoins et ne garder que l'essentiel. Nous avons alors besoin de repos et de soin pour régénérer notre énergie.

Nos pensées se font plus claires, nos sensations plus fortes, nos rêves plus connectés. Le voile entre les mondes visible et invisible est au plus fin pendant nos règles. Nos intuitions sont à leur paroxysme et nous offrent une perception plus subtile du monde.

HARMONIE

La Femme Sage se sent à sa place dans le cycle de la vie et en harmonie avec tout ce qui est.

Même sa sexualité se vit plus profonde, comme un éveil spirituel.

Ses énergies créatrices n'ont plus un caractère inspiré (comme pour l'Enchanteresse) mais plutôt visionnaire. La Femme Sage sait, ressent. Elle incarne un état de grande réceptivité, presque méditatif. Elle a la capacité à guider, accepter et lâcher prise, dans la douceur.

Le besoin d'une vie relationnelle n'est pas présent ; la Femme Sage se détache tranquillement d'un monde trop terre-à-terre et de ses préoccupations.

PHASE MENSTRUELLE

La Femme Sage correspond à la phase menstruelle : la couche superficielle de l'endomètre se désagrège. Ton utérus évacue ce qui n'a pas été utilisé pour créer la vie. Il fait le vide pour accueillir le nouveau cycle.
Nos pensées se font plus claires, nos sensations plus fortes, nos rêves plus connectés. Le voile entre les mondes visible et invisible est plus fin pendant nos règles. Nos intuitions sont à leur paroxysme et nous offrent une perception plus subtile du monde.

ÉLOGE DE LA LENTEUR

La Femme Sage nous invite à ralentir, nous reposer et nous nourrir (sous tous les aspects). Elle nous incite à faire silence autour de nous pour accueillir nos intuitions et la sagesse qu'elles renferment.

DE L'AUTRE CÔTÉ DE L'OCÉAN

Les Amérindiens ont un profond respect pour les règles, qu'ils considèrent comme un temps de pouvoir, accordant aux femmes un don de vision.

LES CYCLES FÉMININS

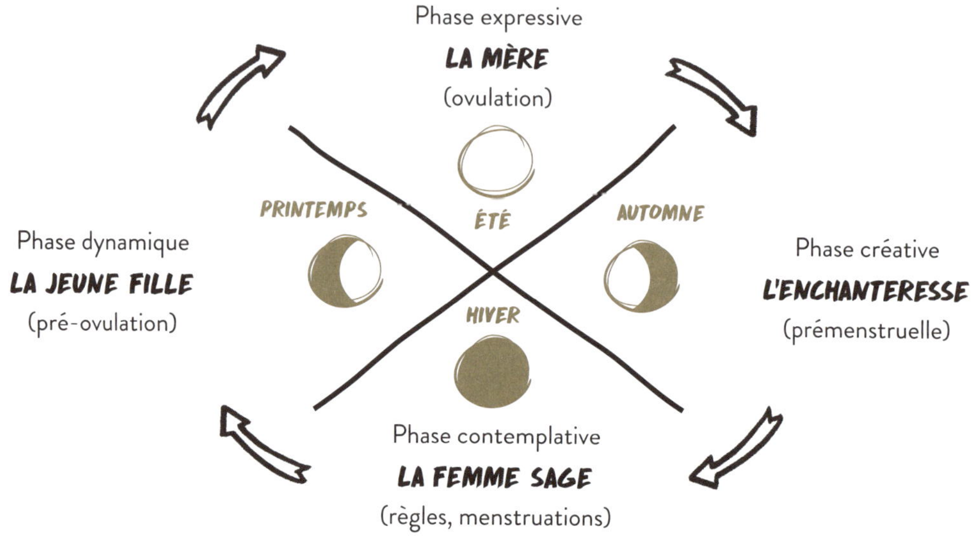

EN ROUTE VERS L'HARMONIE !

Les 4 archétypes de la Jeune Fille, la Mère, l'Enchanteresse et la Femme Sage nous proposent la cyclicité comme un moyen de parvenir à l'harmonie en soi et avec l'Univers. À l'image de la Roue de médecine amérindienne (voir l'encadré), la cyclicité nous invite à expérimenter chacune des composantes énergétiques, à bouger et glisser de l'une à l'autre, pour contacter toutes les parties qui nous constituent, et réincarner notre richesse !

LE CYCLE PERPÉTUEL DE LA VIE

Comme la Terre a besoin de traverser chacune des quatre saisons, comme la Lune a besoin de parcourir son cycle, nous, Femmes, avons besoin de vivre notre cycle en conscience, d'explorer nos énergies pour vivre en harmonie et occuper notre place dans un Tout harmonieux. On a tout à gagner à les comprendre et à les vivre pleinement, pour laisser place à la suivante, et expérimenter tour à tour le mouvement perpétuel du cycle de la vie.

LA ROUE DE MÉDECINE AMÉRINDIENNE

Il s'agit d'une « représentation cyclique du monde extérieur et intérieur » (selon Marianne Grasselli Meier). Ce serait difficile de la résumer en quelques lignes tant elle est riche d'enseignements ! Elle constitue un outil de guérison puissant, car elle nous permet de retrouver un équilibre et une harmonie, dans une complicité évidente avec la Nature. La Roue de médecine amérindienne nous invite à reconnaître notre interdépendance avec toute forme de vie (animale, végétale, minérale ; les quatre éléments...). Elle nous décentre de notre soi-disant supériorité pour remettre l'humain au sein du grand Tout.

29 JOURS POUR S'ÉVEILLER À SON FÉMININ SACRÉ

L'éveil au Féminin sacré n'est pas un long fleuve tranquille, mais cela vaut la peine d'affronter ses courants et ses rapides, car il contient une puissance de guérison infinie. Guérir pour être fière d'être femme !

RESPECTER, INCARNER, HONORER ET CÉLÉBRER SON FÉMININ (BEAU PROGRAMME !).

Jour après jour, expérimente les 29 rituels qui suivent pour explorer la magie en toi et autour de toi, afin de recontacter ta puissance de femme et réenchanter le monde.

UN SACRÉ PROGRAMME !

POURQUOI 29 JOURS ?

Voici un programme sur la durée d'un cycle lunaire (qui est en moyenne de 29,5 jours). 29 graines semées, qu'il t'appartient d'entretenir et de nourrir pour les voir s'épanouir. Le cycle lunaire commence lors de la nouvelle lune (lorsqu'elle n'est pas visible dans le ciel), elle croît, devient pleine (entre les 15e et 18e jours) et décroît… inlassablement.

Une année compte 13 cycles lunaires ; tu pourras donc te réapproprier le programme chaque mois, en l'adaptant à ton vécu, de plus en plus riche au fil de tes pratiques.

CYCLE LUNAIRE ET CYCLE MENSTRUEL

Très proche du cycle menstruel (d'une durée moyenne de 28 jours), le cycle lunaire permet de toutes nous relier. Il se peut que ton cycle dure plus ou moins longtemps, comme il est possible que tu aies des aménorrhées, ou encore que tu sois sous pilule.

Le cycle lunaire nous offre une belle référence commune, faisant de nous toutes des sœurs, petites-filles de Grand-Mère Lune. Il contient les mêmes composantes énergétiques que notre cycle menstruel. Aussi, n'hésite pas à te relier aux archétypes de la Jeune Fille, de la Mère, de l'Enchanteresse et de la Femme Sage (voir pages 14 à 23).

QUAND COMMENCER ?

Cherche sur Internet la date de la prochaine nouvelle lune. Le premier jour du programme commence le premier jour qui suit la nouvelle lune ! De cette façon, nous serons toutes connectées les unes aux autres, reliées par un fil invisible...

LA RITOURNELLE DES RITUELS

Un rituel est une suite de pensées, de paroles et d'actes qui activent des énergies et une présence au monde particulières. Le rituel élève la conscience et la fréquence vibratoire en honorant ce qui est. C'est un événement créatif, qui permet d'ancrer dans le corps et la matière l'intention posée (transformation, guérison, acceptation, célébration...). Il crée le lien entre le visible et l'invisible, l'intime et l'universel.

Chaque jour, commence par ouvrir ton espace sacré, puis réalise la proposition du jour (écriture, méditation, création...), avant de clore ton espace sacré.

Pas de panique, je t'explique tout, juste après !

UN MANTRA PAR JOUR

Il s'agit d'une affirmation que tu peux prononcer à voix haute et à laquelle tu peux te connecter pour ton exploration.
Ce n'est qu'une proposition. Fais confiance à ton intuition et n'hésite pas à te l'approprier pour l'adapter à tes envies.

DE BELLES PAGES À VENIR

Avant de commencer, choisis un beau carnet, dédié à ton exploration, pour y écrire ton expérience...

LES SECRETS D'UN RITUEL : L'INTENTION ET LA SINCÉRITÉ

L'intention est la direction que tu donnes à ta flèche, l'énergie qui te permet de créer ta réalité. Elle désigne ce que tu souhaites voir se réaliser dans ta vie. Plus elle sera claire, plus elle sera efficace. Nul besoin de fioritures. Un rituel s'effectue avec un cœur sincère et ouvert et peut être très simple.

TON ESPACE SACRÉ

C'est ta bulle de tranquillité, un espace-temps intime hors de l'ordinaire, ton endroit de magie. Choisis un endroit calme dans lequel tu te sens bien et où tu ne seras pas dérangée.

POUR OUVRIR TON ESPACE SACRÉ

Crée du beau et du sens, par l'intermédiaire d'un autel, par exemple, où tu déposeras des éléments végétaux, des pierres, des objets personnels qui comptent pour toi et que tu veux charger en vibrations, des figurines de divinités ou de personnes qui t'inspirent. Tout ce qui fait sens pour toi, et ce avec quoi tu veux te sentir reliée pendant le rituel.

Tu peux utiliser des herbes sacrées (la sauge ou le romarin, notamment), du bois de palo santo, un bol tibétain pour te purifier et nettoyer le lieu.

Allume une bougie en conscience et déclare ton espace sacré ouvert. Invente une formule qui te met en joie et inclus-y si tu le souhaites une demande pour être guidée et protégée par certaines divinités ou archétypes – tes guides et alliés.

Par exemple : « Je déclare mon espace sacré ouvert (et demande guidance et protection de l'énergie de la Mère). »

Tu peux alors réaliser la proposition du jour.

POUR FERMER TON ESPACE SACRÉ

Quand tu auras terminé, prends quelques instants pour accueillir les émotions qui te traversent et ressentir la gratitude qui t'envahit comme une douce chaleur dorée.

Quand tu te sentiras prête, éteins ta bougie et ferme ton espace sacré en remerciant les énergies qui t'ont aidée pendant ton rituel. Par exemple, tu peux dire : « Je clos mon espace sacré (et remercie la Mère pour sa guidance et sa protection). »

UN TRAVAIL D'ÉQUIPE !

Chaque rituel permet d'ancrer ton intention dans la matière et dans ton corps. Mais il ne s'agit pas d'une simple formule magique. C'est un travail d'équipe avec l'Univers : s'il fait sa part, toi aussi tu as la tienne à faire, en réalisant des actions inspirées. À toi de suivre ce qui te semble juste, ce qui te met en joie, afin d'avancer. Pour ça, l'intuition est une boussole formidable !

JOUR 1

RITUEL DE NOUVELLE LUNE

La nouvelle lune marque le début du cycle lunaire. La Lune n'est alors pas visible, car elle est alignée au Soleil dans l'axe de la Terre. Appelée aussi lune noire, elle est propice au repos. Et si, justement, tu profitais pleinement de la lune noire pour te poser, et réaliser ce rituel le lendemain ?

La nouvelle lune représente le potentiel de tous les possibles, c'est le moment idéal pour poser tes intentions pour le cycle à venir.

RITUEL

Ouvre ton espace sacré – tu peux demander la guidance de Grand-Mère Lune.

Choisis un objet qui compte pour toi (une figurine, une plume, une pierre...).

Prends une feuille de papier, et inscris-y ton intention pour le cycle à venir, en utilisant le « je » et le présent. Par exemple :

« Je crée chaque jour l'espace pour explorer et m'éveiller au Féminin sacré. »

« Je m'autorise à incarner la femme que je suis dans toute sa puissance et sa magie. »

MANTRA

Je me relie à Grand-Mère Lune pour honorer la femme sacrée que je suis.

Énonce ton intention à voix haute, et souffle-la dans l'objet choisi. Ton objet est sacré.

Garde-le près de toi, dans un endroit intime, que tu peux voir souvent durant la journée pour t'y connecter. Tu peux le regarder, le prendre dans tes mains, faire quelques respirations en conscience, et ressentir quelle est l'action juste à effectuer aujourd'hui.

Remercie la Lune pour sa guidance et sa protection, et clos ton espace sacré.

L'AMOUR

« COMME LA GRAINE A BESOIN D'EAU POUR CROÎTRE, L'ÂME A BESOIN D'AMOUR. »

Amma

L'amour est une énergie puissante, l'essence même de toute création.

Quand on accepte que l'amour nous guide, notre vision du monde se transforme.

On élève notre vibration et on attire à nous de belles expériences.

La plupart du temps, nos actions sont guidées par la peur – la peur d'échouer, de réussir, du jugement, du manque... C'est l'ego, notre partie « basse » qui a peur. L'âme, la partie « haute », aime. Elle reconnaît l'abondance de la Vie et sait que chacun(e) de nous peut y accéder.

On ne nous a pas appris à nous faire passer en premier, à nous reconnaître comme la personne la plus importante de notre vie (et on en conclut généralement que c'est égoïste). On nous apprend à donner, mais très peu à recevoir.

Pourtant, à l'image de l'arbre qui garde pour lui son énergie pour donner ses fruits, il nous faut remplir la source pour qu'elle soit abondante. C'est de cette façon qu'elle pourra ensuite bénéficier à notre entourage.

L'amour élève notre vibration, pour notre plus grand bien et celui de l'humanité.

L'amour de soi est la base,
la fondation essentielle.
Il est nécessaire de s'aimer soi pour pouvoir aimer les autres, le Vivant.

Connecte-toi à l'énergie de la Jeune Fille (voir page 17) pour tirer parti de ses enseignements.

JOUR 2

TU ES LA PERSONNE LA PLUS IMPORTANTE DE TA VIE

Ton énergie est la façon dont tu existes au monde. Si tu te sens bien, elle s'élève et tu rayonnes. Tu as besoin de te faire passer en premier et de prendre soin de ton énergie. Cela passe notamment par apprendre à affirmer et exprimer tes besoins et à les combler toi-même. Bien souvent, on attend qu'un(e) autre devine ce dont on a besoin. Mauvaise route ! On est responsable de notre vie, c'est à nous d'affirmer ce dont on a besoin.

Te donner à toi d'abord te permet ensuite de te sentir disponible pour les autres.

ÉCRITURE

Sur ton carnet, réponds à ces questions :

De quoi ai-je profondément besoin pour me sentir bien, là, maintenant ?

Comment puis-je me le donner à moi-même ?

Prends quelques respirations en conscience, et écris sans réfléchir.

Puis offre-toi ce dont tu as besoin.

MANTRA

Je suis la personne la plus importante de ma vie. Je mérite le meilleur.

DIRE NON

Affirmer ses besoins, c'est aussi refuser ce qui nous coûte de l'énergie et ne nous met pas en joie. Apprendre à dire non quand ce n'est pas juste pour nous est un acte d'amour envers nous-même.

MÉDITATION

Tu peux t'enregistrer en train de lire lentement la méditation pour te permettre de te laisser guider, puis la réécouter quand tu en as envie.

Installe-toi confortablement, le dos droit pour que l'énergie puisse circuler. Imagine une lumière dorée, chaude et réconfortante. Elle prend sa source dans ton utérus, puis s'agrandit, pour former une sphère dorée autour de toi. C'est ta bulle de protection, elle protège et nourrit ton énergie. Pose l'intention que seules les énergies positives peuvent y pénétrer et l'alimenter, et que tu choisis le moment propice pour la dissoudre.

JOUR 3

LES AUTRES SONT UN MIROIR

Chaque fois que nous jugeons les autres, c'est un peu de nous-même que nous jugeons, car, en réalité, nous ne faisons que réagir à nos propres limites.

Par exemple, si une femme t'agace parce qu'elle a confiance en elle, cela peut révéler que, toi, tu n'oses pas occuper autant de place.

Les jugements sont liés à nos propres croyances limitantes, nos propres peurs et blocages.

Chacune grandit avec ses croyances limitantes, que nous considérons comme des vérités ; certaines sont entretenues par la société.

MANTRA

Je m'aime et m'accepte. Je reconnais mes peurs et mes croyances limitantes.

ÉCRITURE

Sur ton carnet, dresse la liste de tes croyances limitantes, ce que tu crois être des vérités. Par exemple, « on ne vit pas de son art », « les riches sont mauvais et les pauvres sont bons », « la créativité est réservée aux artistes perchés », « il faut travailler dur pour réussir », « c'est égoïste de penser à soi d'abord ». Tu peux le faire par thématique (argent, travail, créativité, sexualité...).

Dresse également la liste de tes peurs. Par exemple, « j'ai peur de me retrouver à la rue, peur de ne pas être aimée, peur de ne pas être assez bien »...

Prends quelques respirations en conscience, et écris sans réfléchir.

Mettre le doigt sur ses peurs est un premier pas pour les identifier et les désamorcer.

JOUR 4
SE PARDONNER

La honte, la peur, la culpabilité sont des émotions denses, lourdes qui abaissent notre vibration et notre énergie. Ce sont des poids, trop lourds à porter. Tu peux choisir de t'en décharger et de t'aimer inconditionnellement. Tu peux te relier à Isis, déesse égyptienne de la guérison et de l'amour inconditionnel, pour te pardonner et t'aimer sans condition.

Mais attention, car elle ne peut rien te retirer que tu n'acceptes de laisser partir.

RITUEL

Ouvre ton espace sacré, et demande la protection et la guidance d'Isis.

Prends une feuille de papier et coupe-la en 10 morceaux.

Sur chacun d'entre eux, écris ce pour quoi tu te sens coupable ou honteuse, et souffle ce souvenir sur le bout de papier correspondant. Imagine que cette culpabilité ou cette honte sort de toi.

Rassemble tes 10 bouts de papier, lis chaque souvenir à voix haute et, pour chacun, dis : « Je te remercie pour ce que tu m'as appris, et je me pardonne. »

Ensuite, brûle les papiers, garde les cendres et offre-les à la Terre, avec un peu de tabac si tu en as. Remercie la Terre et Isis pour leur protection, puis clos ton espace sacré.

MANTRA

Je mérite l'amour. Je m'aime inconditionnellement.

OFFRANDE

Dans les traditions amérindiennes, le tabac est une plante sacrée. Il est utilisé notamment en offrande. Si tu n'as pas de tabac, tu peux, par exemple, réaliser toi-même une petite offrande : assemble quelques pierres et feuilles en laissant s'exprimer ta créativité.

JOUR 5

LA GRATITUDE

Quand tu te sentiras prête, tu ressentiras aussi de la gratitude pour ce qui a priori ne te mettait pas en joie, car cela t'a permis de changer de direction, d'affirmer ta détermination et de te rapprocher de ta vérité.

« J'ai appris que la guérison vient à ceux qui ne blâment pas pour les expériences de la vie, mais remercient plutôt pour le potentiel de croissance qui nous est offert. »

Jamie Sams

Bien souvent, dans notre course effrénée, on oublie de voir le beau et la magie qui nous entourent. La gratitude nous permet de nous arrêter quelques instants, pour être réceptive à la beauté de la vie et relativiser. En cet instant précis, tout va bien ! On a un toit au-dessus de notre tête, on a accès à l'eau potable, Internet nous permet de nous informer et d'être en lien avec des personnes du monde entier.

Ce que l'on prend pour acquis est en réalité une chance, et en prendre conscience nous permet d'élever notre vibration et notre énergie.

MANTRA

Je reçois avec gratitude la beauté et la magie de la vie. Tout arrive pour mon plus grand bien.

ÉCRITURE

Sur ton carnet, écris 50 choses qui te mettent en joie et pour lesquelles tu éprouves de la gratitude.

Ce sera peut-être difficile au début si tu n'en as pas l'habitude, mais, à force de pratique, la gratitude deviendra un réflexe !

Prends le temps de lire chacune à voix haute, et de te remémorer ce souvenir pour t'imprégner de la joie qu'il contient, cette sensation qui réchauffe le cœur et l'âme.

LE CORPS

« LE RETOUR AU CORPS CONSTITUE LA MEILLEURE TECHNIQUE DE GUÉRISON QUI EXISTE EN MATIÈRE D'ÉNERGIE FÉMININE, CAR LE PHYSIQUE DÉTIENT LES SECRETS DE LA SAGESSE DU FÉMININ DIVIN. »

Alana Fairchild

S'aimer passe par l'amour et le soin de son corps. Ce dernier est notre manifestation dans la matière et nous permet de faire l'expérience de la vie. Il nous enseigne de nombreux messages, nous guide.

Pourtant, on le traite souvent avec jugement, parfois avec mépris. Traité comme un objet par la publicité ou les films, rendu honteux et malsain par les religions, on a besoin de sortir des codes de la société pour nous réapproprier notre corps de femme, y compris notre dimension la plus charnelle. Car loin de s'opposer à notre nature spirituelle, notre sexualité en est complémentaire.

Il est temps de nous reconnecter à notre corps, d'apprendre à l'aimer tel qu'il est et de l'honorer pour tous les plaisirs qu'il nous permet de vivre !

Pour les prochains jours, je t'invite à te connecter à l'énergie de la Jeune Fille (voir page 17), qui, pleine de curiosité, explore et découvre !

JOUR 6

REVENIR À SA TERRE DE FEMME

Se réapproprier sa vie, sa puissance et sa magie, c'est indéniablement se réapproprier son corps. Tous les corps sont beaux, parfaits tels qu'ils sont ; le jugement n'a même pas lieu d'être. Notre corps nous a accompagnées, nous a permis de traverser certaines épreuves, de jouir de certains plaisirs. Au lieu de le juger, ne devrait-on pas le remercier et l'honorer ?

MANTRA

Mon corps est parfait tel qu'il est.
Je l'honore et le célèbre.

ATTENTION À L'INTENTION

Si tu veux faire du sport parce que tu n'aimes pas ton corps, essaie d'inverser la question : par amour pour mon corps, que puis-je faire pour lui ? Ce sera peut-être le sport, mais ton intention a changé. Tu ne le fais plus pour le modifier parce que tu ne l'aimes pas, mais au contraire parce que tu l'aimes et que tu veux prendre soin de lui.

RITUEL

Ouvre ton espace sacré.

Sur ton carnet, écris 20 gratitudes pour ton corps. Puis, demande-toi : que puis-je faire aujourd'hui pour le remercier, pour l'honorer ? Un massage, un bain, prendre le temps de me mettre de la crème ou de l'huile végétale pour hydrater ma peau ?

Offre-toi ce moment pour toi !

Puis, choisis une musique que tu adores, celle sur laquelle tu ne peux pas t'empêcher de danser. Et danse ! Célèbre ce corps qui est le tien. Ensemble, laissez-vous porter par le rythme. Éclate-toi ! Prolonge le plaisir si tu en as envie – on ne va pas se priver de toutes ces bonnes ondes !

Quand tu te sens prête, remercie-toi pour ce beau moment et clos ton espace sacré.

JOUR 7

SE RECONNECTER À NOTRE YONI (PARTIE 1)

« Yoni » est un mot sanskrit qui désigne l'organe génital féminin dans son ensemble (extérieur et intérieur) ; il symbolise la puissance créatrice de l'énergie féminine et en est le siège (particulièrement l'utérus).

Retrouver la fierté de notre corps et l'habiter pleinement passe par la connaissance de notre sexe, et par l'emploi des mots justes pour en parler, sans rougir ! Savoir comment nous sommes constituées ; savoir dessiner un utérus, une vulve est un moyen de nous réapproprier notre yoni. Tu peux même te déshabiller pour associer la connaissance à l'expérience. C'est la proposition d'aujourd'hui, *enjoy* !

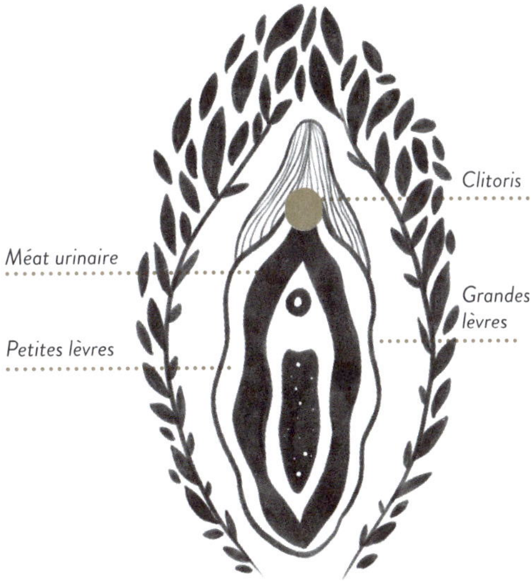

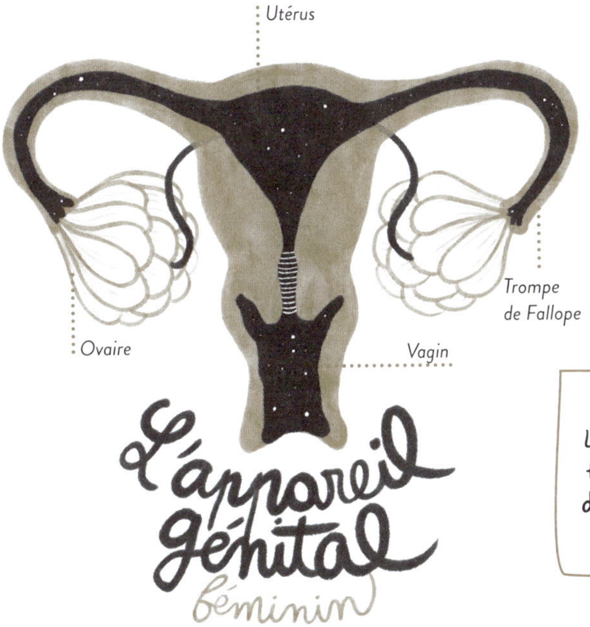

MANTRA

Je reconnais la beauté et la puissance de mon yoni.

TRÈS CHER UTÉRUS

L'utérus porte aussi la mémoire de nos lignées, traumatismes et énergies. Un soin énergétique de l'utérus peut permettre de guérir certaines blessures (conscientisées ou non).

JOUR 8

SE RECONNECTER À NOTRE YONI (PARTIE 2)

MÉDITATION

Tu peux t'enregistrer en train de lire lentement la méditation pour te permettre de te laisser guider, puis la réécouter quand tu en as envie.

Installe-toi confortablement, le dos droit pour que l'énergie puisse circuler.

Ferme les yeux et respire tranquillement.

Tu t'imagines descendre 10 marches, en comptant à rebours.

Et puis, une fois que tu as descendu ces marches, tu arrives dans ton jardin secret, c'est ton univers intérieur, ton cocon. C'est l'endroit où tu te sens bien, chez toi, en sécurité. C'est réconfortant. À quoi ressemble-t-il ?

MANTRA

Je me connecte à mon utérus, force créatrice de vie. J'accepte et incarne ma dimension sexuelle.

L'ŒUF ET LA POULE

Pour explorer davantage, je t'invite à te renseigner sur l'œuf de yoni. C'est une pierre en forme d'œuf que tu insères dans ton vagin. Elle a beaucoup de bienfaits, et permet notamment de développer la confiance en soi, de libérer les énergies créatrices et sexuelles.

CRÉATION

Tu peux utiliser les illustrations de la page précédente, les décalquer ou bien les dessiner toi-même. Dessines-en les contours, et utilise ce support pour y projeter ton univers intérieur. Dessine, colle des images, écris, peins... Laisse aller ta créativité ! Réapproprie-toi ton utérus et ta vulve et fais-en une création à ton image !

SUPRA TANTRA

Le tantra peut aussi être une piste à explorer. Loin de se limiter à une pratique sexuelle, c'est davantage une pratique spirituelle qui se vit AUSSI dans sa sexualité et permet l'éveil dans l'équilibre de nos énergies féminines et masculines.

JOUR 9

REVENIR À SES SENS

La vie est une expérience des sens, qui nourrit l'âme.

Notre corps est notre enveloppe charnelle, celle qui nous offre la possibilité d'expérimenter nos sens. Ton corps te permet de vivre, d'explorer et de ressentir le plaisir par la vue, le toucher, l'odorat, le goût, l'ouïe et même l'intuition.

Ton corps est parfait tel qu'il est, il te permet de faire l'expérience de la vie !

MANTRA

Je vois, je touche, j'écoute, je goûte, je sens, je ressens. Je fais l'expérience de la vie.

RITUEL

Sors dans un endroit que tu aimes bien, de préférence en pleine nature.

Ouvre ton espace sacré, pose les mains sur tes yeux, et déclare : « Je m'ouvre à la magie en moi et autour de moi ; je me connecte à chacun de mes sens et transforme mon expérience. »

Ouvre les yeux, et offre-toi une balade en te connectant à tes sens.

Observe, écoute, touche, sens...

Pour le goût, peut-être trouveras-tu une plante comestible si tu en connais – si ce n'est pas le cas, tu peux aussi t'offrir une gourmandise sur la route !

Ralentis, prends le temps de goûter à cette expérience...

Quand tu te sens prête, remercie la Nature. Tu peux aussi te remercier toi et ton corps ; puis clos ton espace sacré.

JOUR 10

ÉCOUTER LES MESSAGES DE SON CORPS

Ton corps est un véritable messager !

Tu peux sentir en toi si un choix te semble juste ou non, la sensation que ton corps s'ouvre ou se rétracte. Les maux, la maladie parfois, sont autant de messages, en dernier recours, si tu ne t'es pas écoutée plus tôt. Souffrir d'une migraine ophtalmique peut signifier qu'il y a une situation dans ta vie que tu ne veux pas « voir ». Différentes approches affirment que les maux ne sont pas des coïncidences, mais que c'est notre être qui souffre et s'exprime… Le « mal - a - dit ».

Et puis, il y a ton cycle menstruel aussi… Certaines protections hygiéniques et certains moyens de contraception peuvent rendre l'écoute du corps plus difficile. Si tu en as envie, je t'invite à prendre le temps de sentir si tes choix te conviennent toujours, et sinon, à te renseigner sur les alternatives possibles pour que tu te sentes en accord.

ÉCRITURE

Installe-toi confortablement, et prends quelques instants pour te remémorer un moment où ton corps t'a envoyé un message (une crise d'angoisse, par exemple). Que révélait-il que tu n'osais pas affronter, t'avouer ?

Dans ton carnet, décris chaque jour comment tu te sens dans ta vie et dans ton corps. Cela te permettra de ralentir, même 5 minutes, et d'observer tes sensations corporelles.

Te sens-tu lourde ou légère ; as-tu certaines sensations particulières ? Sens-tu lorsque tu es en phase d'ovulation ? quand tes règles vont arriver ?

MANTRA

Je suis à l'écoute de mon corps, de mes ressentis et sensations. Je suis réceptive à ses messages.

LA NATURE

« LORSQUE CETTE CONNEXION EST ÉTABLIE ENTRE LA NATURE ET "NOUS-M'AIME", QUAND NOUS PRENONS SOIN DE NOUS AUTANT QUE DE CE QUI NOUS ENTOURE, QUAND NOUS REDÉCOUVRONS LA DIVERSITÉ DE LA NATURE EN MÊME TEMPS QUE CELLE QUI NOUS HABITE, NOUS REDEVENONS VIVANTES, AJUSTÉES, VIBRANTES ET UNIFIÉES. »

Marianne Grasselli Meier

Se connecter à la dimension sacrée que l'on porte en soi, c'est aussi reconnaître le sacré dans tout ce qui vit et nous décentrer de notre présupposée supériorité. L'Univers en est réenchanté ; plus sensible, connecté, empreint de respect et de magie. On est intimement liée à toute forme de vie.

La Nature nous donne tout. Pourtant, nous sommes déconnectées de la réalité qui est la sienne. On prend tout, sans rien donner en retour ; comme un stock de ressources que l'on pille.
Redonner à la Terre son caractère sacré est essentiel. Demander la permission quand on se sert, remercier pour ce qu'elle nous offre… pour réaliser que c'est un don et non un dû.

Par leur cyclicité, la Terre et la femme se font écho, faisant traditionnellement des femmes les gardiennes du Vivant, protectrices des rythmes de la Nature. Nous sommes à son image et, quand on prend soin d'elle, c'est aussi soi que l'on respecte et honore.

Messagère, enseignante, nourricière, la Terre est une véritable mère pour nous. Les pages suivantes résonnent beaucoup avec l'énergie de la Mère (voir aussi pages 19). Je t'invite à t'y relier pour t'imprégner de leurs enseignements à toutes les deux, qui en réalité ne sont qu'une : la Terre-Mère.

JOUR 11

LA TERRE-MÈRE

Tout ce que l'on a provient du ventre de la Terre-Mère : l'eau, la nourriture, nos smartphones, nos vêtements. On se sert, sans même remercier. L'équilibre du donner/recevoir est perturbé. Plutôt que considérer la Terre comme une ressource à économiser, si on la respectait et l'honorait comme une Mère ?

MANTRA

Je respecte l'équilibre du donner/recevoir. J'honore l'abondance de la Terre-Mère.

DES FEMMES ET DES GRAINES

Vandana Shiva est une femme emblématique de la révolution écologique. Elle fait le lien entre les femmes et leur rôle de protectrices des semences. À l'heure où les semences sont privatisées et rendues stériles pour ne pas être reproductibles, récolter les graines nous permet d'assurer notre autonomie alimentaire.

UNE QUESTION DE RESPECT

Consommer bio, de saison, local, zéro déchet, fait maison sont autant de façon d'honorer la Terre-Mère. Si tes fruits et légumes sont bio, tu peux garder les graines, pour les planter dans ton jardin, ou les échanger lors de trocs.

RITUEL

Ouvre ton espace sacré. Relie-toi à l'énergie de la Mère.

Sur ton carnet, écris ce pour quoi tu éprouves de la gratitude (l'eau que tu bois, le chocolat...). Tu remarqueras que tout provient de la Terre. Visualise la Terre comme une Mère qui te nourrit, te protège, te soutient.

Que peux-tu lui offrir pour lui exprimer ta gratitude ?

Tu peux déposer du tabac ou une offrande dans un lieu qui fait sens pour toi, par exemple.

Quand tu te sens prête, remercie la Mère pour sa guidance et sa protection, et clos ton espace sacré.

JOUR 12

PACHAMAMA

Pachamama est une divinité qui représente l'amour inconditionnel que la Terre a pour tous ses enfants, y compris les pierres, les plantes, les animaux. Elle est la déesse de la Terre, aussi connue dans la culture occidentale sous le nom de Gaïa. Souvent représentée comme une femme qui fusionne avec la Terre ; elle symbolise sa nature nourricière, féconde.

MANTRA

Je vois l'énergie de la Mère dans la Terre et agis en conséquence pour la respecter et l'honorer.

CRÉATION

L'énergie de Pachamama est très proche de celle de l'archétype de la Mère. Elle guérit, protège, soutient.

Crée un *vision board*. Sur une feuille, réunis tout ce que Pachamama t'inspire : images, couleurs, mots. Laisse ta créativité s'exprimer.

Si tu transformes ta vision et considères que la Terre est une Mère à honorer plutôt qu'une simple ressource à exploiter, qu'as-tu envie de transformer dans tes habitudes ?

CADEAU, CADEAU

Avant de ramasser, de prendre quoi que ce soit à la Terre, ferme les yeux. Connecte-toi à l'instant présent, et demande en toute bienveillance si la plume, par exemple, est pour toi. Tu le sentiras, fais-toi confiance. Que peux-tu donner en échange, en gage de remerciement et de gratitude ?

JOUR 13

CÉLÉBRER POUR REMERCIER

As-tu déjà remercié pour la nourriture que tu manges, pour l'eau dont tu t'abreuves chaque jour ? Remettre de la conscience et du cœur dans ces activités est une façon d'entretenir notre capacité d'émerveillement, d'élever notre vibration et de nourrir notre connexion à la Terre-Mère.

ATTENTION

Célébrer l'abondance de la Terre-Mère ne signifie pas te « péter le ventre ». Ce n'est bon ni pour toi, ni pour Elle. Et cela revient à être dans la peur de manquer de nourriture. Si tu es dans l'amour, tu ne vas pas ressentir le besoin de manger à outrance, et/ou de gaspiller. Offrir à celles et ceux qui sont dans le besoin peut aussi être un formidable moyen de célébrer l'abondance.

MANTRA

Je cuisine pour honorer l'abondance de la Terre-Mère et la célébrer.

RITUEL

Ouvre ton espace sacré. Relie-toi à Pachamama, ou à la Mère.

Cuisine-toi un bon repas, pour toi seule, ou à partager avec ceux/celles que tu aimes (le rituel en sera d'autant plus puissant). Ce repas est là pour célébrer l'abondance de la Terre-Mère, pour dire MERCI.

Quand tu cuisines, connecte-toi à tes 5 sens, pour en faire une véritable expérience sensorielle, comme si tu redécouvrais chaque aliment.

C'est tout ton corps qui va vibrer de gratitude !

Tu peux créer une belle table, en faire un vrai repas de fête.

Avant de passer à table, prends quelques instants pour remercier et célébrer cette abondance !

Clos ton espace sacré après le repas.

JOUR 14

NOUS SOMMES TOU(TE)S RELIÉ(E)S

Tout dans notre vie n'est qu'une manifestation de notre interdépendance aux animaux, végétaux, minéraux et autres humains. En prendre conscience nous permet de nourrir ce sentiment d'interconnexion permanente.

Les Sioux Lakota disent *Mitakuye Oyasin* : cette formule exprime leur lien de parenté avec tout le Vivant, « des galaxies les plus lointaines au brin d'herbe qu'on foule du pied ; des baleines les plus gigantesques aux plus petites fourmis ; ceux qui étaient là avant et ceux qui seront là après nous », selon Maurice Rebeix. Nous sommes tou(te)s d'une même famille.

MANTRA

Je suis reliée à toute forme de vie et les respecte comme membres d'une même famille.

MÉDITATION

Tu peux t'enregistrer en train de lire lentement la méditation pour te permettre de te laisser guider, puis la réécouter quand tu en as envie.

Ouvre ton espace sacré et installe-toi confortablement, assise ou debout.

Ferme les yeux. La Terre est une Mère, abondante, nourricière, généreuse, protectrice. Nous sommes ses enfants, nous, humains, mais aussi les animaux, les végétaux et les minéraux. Tu es connectée à chacun d'entre eux. Imagine-toi comme faisant partie d'une seule et même famille, entourée de cette parenté. Comment te sens-tu ? C'est plutôt réconfortant, tu ne trouves pas ? Prends le temps de t'y attarder ; profite.

Quand tu te sens prête, ouvre les yeux et clos ton espace sacré.

POUSSIÈRE D'ÉTOILES

Le fer que l'on a en nous est ce qui rend notre sang rouge. Pour Stephen Hawking et Hubert Reeves, c'est là la preuve que nous sommes de la poussière d'étoiles. Canon, non !?

« LE SENTIMENT D'APPARTENANCE EST UNE MÉDECINE CONTRE LE DÉSIR DE POSSESSION. »

Maurice Rebeix

JOUR 15

S'ANCRER

L'ancrage permet d'Être, dans l'instant présent ; de te sentir à ta place, plus sereine, plus énergique. Lorsque tu n'es pas ancrée, tu peux avoir l'impression de te sentir un peu perdue, comme dépassée par la vie... Ton mental s'emballe et prend le dessus.

Passer du temps en nature est essentiel et super efficace pour se reconnecter à la Terre et s'ancrer. L'idéal est de marcher pieds nus. Tout ce qui te permet de revenir à ton corps de manière générale aide à l'ancrage : massage, yoga, sport, travaux manuels...

De récentes études démontrent que marcher pieds nus permettrait de nous connecter directement aux énergies telluriques, et soulager certains maux.

RITUEL

Réalise ce rituel en pleine nature, pieds nus.

Ouvre ton espace sacré.

Debout, bien positionnée sur tes talons, pour être dans ta verticalité, ferme les yeux. Imagine que des racines sortent de tes pieds et s'enfoncent profondément dans la Terre. Stable, forte, tu es prête à déployer le haut de ton corps, comme les branches d'un arbre. Imagine qu'un fil d'or connecte tes racines, te traverse, ressort au sommet de ton crâne et continue jusqu'au Ciel-Père. Tu es exactement là où tu dois être.

Imprègne-toi de cette sensation.

Quand tu te sens prête, ouvre les yeux, remercie la Terre et le Ciel, puis clos ton espace sacré.

MANTRA

Je me sens ancrée, à ma place.

Les pierres sont de merveilleuses alliées pour nous aider à nous ancrer. Le titre *Zéro Blabla Cristaux*, écrit par Élodie T., te permettra de découvrir tous les secrets qu'elles renferment.

JOUR 16

LA MÉDECINE DES DIFFÉRENTS RÈGNES

Le Vivant est sacré. Si nous sommes tou(te)s d'une même famille, chacun(e) a sa « médecine », chacun(e) est détenteur d'un enseignement, d'une qualité.

Si on est à l'écoute et qu'on abandonne la volonté de tout comprendre, alors on peut ressentir, avoir accès à des dimensions plus profondes. Le monde n'en sera que plus magique.

MANTRA

Je reçois avec gratitude et humilité les enseignements de la Nature.

EXPLORATION

Pour découvrir la médecine des différents règnes, il faut explorer, essayer par l'expérience, afin de sentir.

VÉGÉTAL

Lors d'une balade en forêt, va vers l'arbre qui t'attire. Avant de t'approcher de lui, ferme les yeux et demande-lui la permission. Si tu sens que c'est O.K., tu peux t'approcher, poser tes mains sur son tronc, ressentir la sève qui circule sous son écorce. Écoute. Sens.

Chaque essence d'arbre est riche d'un enseignement. Par exemple, le sapin nous enseigne à nous élever, là où le chêne incarne la puissance.

MINÉRAL

Rends-toi dans une boutique qui vend des pierres et va vers celle qui t'attire. Tu seras surprise de voir qu'elle travaille précisément sur ce dont tu as besoin en ce moment !

ANIMAL

Y a-t-il un animal que tu vois partout ? Sur des carnets, des vêtements, dans la rue, des affiches, en rêve... Il veut peut-être t'apporter sa médecine. La tortue, par exemple, nous apprend la patience, la détermination et l'ancrage ; la panthère noire nous éclaire sur la façon dont on peut dépasser nos peurs et avancer dans l'inconnu...

JOUR 17

L'AUTEL AUX QUATRE ÉLÉMENTS

Nous sommes constituées des 4 éléments. Chacun détient des enseignements et les occasions sont infinies pour nous y relier : l'eau de la cascade ou de la douche, le soleil qui caresse ta peau, l'air sur ton visage, le fait de marcher pieds nus... Ce sont autant de dialogues avec le Vivant, de sensations éprouvées que l'on peut se remémorer pour nous reconnecter à son enseignement.

MANTRA

Je me relie au Feu, à la Terre, à l'Eau et à l'Air.

RITUEL

Ouvre ton espace sacré et déclare : **« Je me relie au Feu, à la Terre, à l'Eau et à l'Air. »**

Tu as besoin d'un élément Feu (une bougie), un élément Terre (de la terre dans un petit pot, une pierre), un élément Eau (un bol d'eau) et un élément Air (un bol laissé vide, une plume).

Connecte-toi à chacun d'eux...

Le Feu : force de vie, la chaleur du Soleil rend la vie sur Terre possible.

La Terre : la Mère de toute chose, nourricière, abondante, généreuse. Elle nous connecte à notre corporalité, nous offre ancrage et soutien.

L'Eau : source de vie. Nous sommes composées d'eau à environ 70 %. On vient d'elle, elle nous enveloppait dans le ventre de notre mère. Elle transforme, purifie, nettoie.

L'Air : identique tout autour de la planète depuis l'origine des temps, il nous connecte à ce qui a été, ce qui est, ce qui sera. Il nous relie aux énergies d'expansion et d'amplitude.

Lorsque tu as terminé, remercie les 4 éléments, et clos ton espace sacré.

JOUR 18

RITUEL DE PLEINE LUNE

La Lune est entière au milieu de son cycle, quand le Soleil est à l'opposé de la Lune dans le ciel et reflète sur elle sa lumière.

Nous y sommes toutes plus ou moins sensibles. C'est logique : nous sommes constituées à environ 70 % d'eau, donc il n'est pas surprenant qu'elle nous fasse de l'effet, quand on connaît le phénomène des marées ! La pleine lune nous invite à nous débarrasser de ce qui ne nous sert plus, à nous délester des énergies lourdes, à créer l'espace pour accueillir le nouveau. C'est un très bon moment pour exprimer sa gratitude et pardonner.

MANTRA

Je me relie à Grand-Mère Lune.

RITUEL

Reporte-toi au rituel de gratitude de la page 34.

AU CLAIR DE LA LUNE...

Le jour de la pleine lune peut varier selon les cycles lunaires. Pense à vérifier la date, et n'hésite pas à interchanger ce rituel.
La lune est liée au Féminin. Elle nous permet de nous sentir reliées les unes aux autres, et de faire l'expérience de la sororité. Si tu en as envie, tu peux effectuer un rituel de pleine lune entre amies, participer à un cercle de femmes ou simplement penser à toutes les femmes en chemin vers leur Féminin sacré.

LA CRÉATIVITÉ

« IL EXISTE UNE VITALITÉ, UNE FORCE DE VIE, UNE ÉNERGIE, QUI SE TRADUIT EN VOUS PAR UNE ACTION, ET PARCE QU'IL N'EXISTE QU'UNE SEULE PERSONNE COMME VOUS DANS TOUS LES TEMPS, CETTE EXPRESSION EST UNIQUE. SI VOUS LA BLOQUEZ, ELLE N'EXISTERA JAMAIS DANS AUCUN AUTRE MILIEU ET SERA PERDUE. »

Martha Graham

La créativité est l'ordre naturel de la vie. La vie est pure énergie créatrice. Tu es une création et une créatrice.

Créer te permet de contribuer au monde, d'incarner ta médecine personnelle. La « médecine personnelle » est une formule pour désigner les qualités que nous sommes venues incarner sur Terre, c'est la « médecine » que nous apportons au monde, notre contribution.

Bien souvent, on se coupe de notre créativité. On pense que la créativité est réservée aux artistes. Erreur ! La créativité est en nous, elle est partout. Tu crées déjà : ce moment avec ta famille, ce repas que tu as cuisiné avec amour, ce joli mandala végétal...

Nous reconnecter à notre créativité, c'est renouer avec notre énergie de vie, l'incarner pleinement. C'est aussi une façon d'honorer le Vivant et d'envoyer à l'Univers le signal qu'on est prêtes pour plus de créativité et de magie dans notre vie.

JOUR 19

PELÉ, L'INCARNATION DESTRUCTION / CRÉATION

Le Feu est souvent associé à la passion, à ce qui nous anime. Il peut être destructeur aussi bien que créateur. La divinité hawaïenne des volcans, Pelé, incarne parfaitement cette dualité. La lave qu'elle déverse de ses volcans permet aussi à la terre qu'elle détruit d'être nourrie et de devenir plus fertile pour mieux recréer.

Elle symbolise la destruction autant que la création, comme l'archétype de l'Enchanteresse (voir page 21).

La puissance de destruction existe pour mieux reconstruire ensuite ; comme la fin d'un cycle offre la possibilité d'en commencer un nouveau. Elles nous rappellent que nous sommes les créatrices de nos vies, qu'à tout moment, nous avons le pouvoir de nous réinventer.

MANTRA

Je me réinvente sans cesse,
pour créer le meilleur pour ma vie.

RITUEL

Ouvre ton espace sacré. Relie-toi à Pelé et/ou à l'Enchanteresse.

Sur des bouts de papier, écris ce dont tu n'as plus besoin dans ta vie (relation, objet, projet), ce qui ne te met pas en joie. Fais de la place pour du MIEUX.

Il n'appartient qu'à toi de n'accepter que le meilleur.

Écris un élément sur chaque bout de papier, et souffle-le sur le papier concerné, comme si ça sortait de toi. Brûle les bouts de papier et garde les cendres.

Va déposer les cendres dans la terre, elle va les accueillir, les absorber, les recycler.

Comme Pelé, tu brûles ce qui ne te sert plus pour rendre ta vie plus fertile.

Quelle action peux-tu réaliser aujourd'hui pour honorer cette intention ?

Quand tu te sens prête, remercie la Terre, et clos ton espace sacré.

JOUR 20

L'UNIVERS CRÉE À TRAVERS NOUS

MANTRA

L'Univers crée à travers moi, pour mon plus grand bien et celui de l'humanité.

Nous sommes un canal de l'Univers. L'Univers crée à travers nous, il veut notre joie, notre épanouissement. Chacune est appelée à briller en incarnant sa vérité. Tout ce que tu rêves d'avoir, être, faire, ressentir, créer dans ta vie, tu as déjà tout en toi pour l'accomplir avec la personne que tu es. Tout est disponible pour toi maintenant.

L'humilité nous permet de guérir du sentiment d'illégitimité, du syndrome de l'imposteur.

Si l'envie est là, si j'ai ce rêve et qu'une autre personne en a un autre, ce n'est pas pour rien. La compétition n'existe pas, car chacune a sa place pour incarner son unicité, se réaliser et ainsi contribuer au monde. C'est aussi honorer l'Univers et la Terre-Mère que de suivre nos envies, notre joie, notre intuition.

ÉCRITURE

Sur ton carnet, écris et réponds aux questions suivantes : de quoi as-tu envie pour ta vie ? De quoi rêves-tu ? Si tu admets que l'Univers crée à travers toi, quelle sensation éprouves-tu ? Que te sens-tu appelée à créer ? Avoir, Faire, Être, Sentir ?

Il se peut que tu sois bloquée, parce que tu te dis que, de toute façon, tu n'es pas assez bien. Être toi suffit, selon Lyvia Cairo. Si tu n'avais pas besoin d'accomplir une chose parfaitement, qu'essaierais-tu ? Qu'est-ce que tu essaierais de faire si tu croyais aux miracles ?

Pour plus de puissance, écris ces phrases en utilisant le « je » et le présent. Ce sont des affirmations positives !

JOUR 21

TOUT EST UNE QUESTION D'ÉNERGIE

Chaque personne, acte, pensée, mot, objet vibre à une certaine fréquence. Plus elle est élevée, plus elle est positive et nous permet d'aller vers la version la plus géniale de nous-même. C'est un peu là-dessus qu'est basée la loi de l'attraction. Tu attires ce que tu émets.

Si tu cherches à avoir plus de possessions pour pouvoir ensuite faire ce qui te rend heureuse, tu vis à l'envers. L'idée, c'est d'incarner la personne que tu veux être, comme si tout était déjà là, et de faire ce que tu as profondément envie de faire, pour avoir ce que tu veux.

VISION BOARD

Crée un *vision board* de ta vie rêvée. Cela t'aidera à t'imaginer dans cette vie et à vibrer dans cette énergie, comme si elle était déjà là !

Par exemple, une cabane en bois dans la forêt, une image d'écrivain, un couple si tu as envie de tomber amoureuse... Et écris ce que tu as envie de te ressentir. Par exemple : « J'ai envie d'une cabane en bois pour me sentir au calme, en connexion avec la Nature. »

MANTRA

Je prends soin de mon énergie pour créer ma vie.

JOUR 22

NOTRE ENFANT INTÉRIEUR

Notre créativité est liée à notre enfant intérieur. Tout était déjà là.

Qu'aimais-tu faire étant enfant ? Qui étais-tu avant d'avoir tes peurs, tes croyances ?

Qu'est-ce qui te mettait en joie ?

On va s'y reconnecter !

MANTRA

Mon enfant intérieur me reconnecte à la curiosité et au jeu.

MÉDITATION

Tu peux t'enregistrer en train de lire lentement la méditation pour te permettre de te laisser guider, puis la réécouter quand tu en as envie.

Ouvre ton espace sacré.

Installe-toi confortablement, le dos bien droit. Ferme les yeux, et prends quelques respirations. Place ton attention sur ta respiration, sans la modifier, juste en l'observant.

Imagine un grand 3 devant toi... un 2... un 1 , bien stable, droit...

Tu es sur un chemin, au loin, tu aperçois une silhouette, celle d'un enfant.

Tu marches pour aller à sa rencontre, et tu t'aperçois que cet enfant, c'est toi, des années plus tôt. Il a un message à te délivrer, quel est-il ?

Tu peux échanger avec lui autant que tu en as envie ou que tu en ressens le besoin.

Quand tu as terminé, remercie-le pour ses messages. Reviens à ta respiration, bouge tes doigts et tes orteils. Prends conscience de ta largeur, de ta hauteur, de ton poids, de ta densité. Prends conscience de l'espace dans lequel tu te trouves et, quand tu te sens prête, ouvre les yeux, puis clos ton espace sacré.

CHÈRE MOI...

Tu peux également t'écrire une lettre, de l'enfant que tu étais à 8 ans à celle que tu es maintenant. Que lui dirait-elle ?

JOUR 23

MANTRA

Je me laisse traverser par ma créativité, avec aisance, gratitude et humilité.

ANCRER SON IMAGINATION DANS LA MATIÈRE

Pour être créatif, il faut être actif. La créativité est liée à l'imagination et nous permet de nous ancrer dans la matière, qu'il s'agisse d'un savoir-faire artisanal, d'un art, d'un objet, d'un moment, d'une expérience.

La proposition ci-dessous est idéale pour la phase Enchanteresse (prémenstruelle) de ton cycle (voir page 21). Faire silence autour de toi, ou même t'ennuyer, peut te permettre d'être plus à l'écoute de tes ressentis et de ce que tu as besoin d'exprimer.

CRÉATION

Offre-toi un moment pour créer. Ce peut être chanter, danser, raconter des histoires, faire de la poterie, cuisiner, créer un moment pour toi ou à partager avec quelqu'un, créer un objet…

Tout est création.

Que choisis-tu de créer ? Tu n'es pas obligée de le montrer, de le partager avec qui que ce soit. Ce moment est le tien, profites-en.

Tu peux en faire un rituel. Pour cela, il te suffit d'ouvrir ton espace sacré et de poser l'intention de te connecter à ton imagination pour honorer ta créativité. Tu peux aussi te relier à l'énergie de l'Enchanteresse.

JOUR 24

INCARNER SA MÉDECINE PERSONNELLE

Ta Médecine personnelle, c'est ta contribution au monde, les qualités que tu es venue incarner sur Terre. Et elle est directement liée à ce qui te met en joie.

On ne nous apprend pas tellement à être fières de ce que nous sommes et à célébrer nos réussites. On a tendance à les minimiser, on nous apprend à être modestes, pour ne pas prendre trop de place. Mais être modeste, c'est se rétrécir pour ne pas déranger les autres.

On est responsable de notre vie, pas de la façon dont les autres la reçoivent, perçoivent. Alors, autant être fières de nos réussites, les célébrer, et porter nos couleurs !

La modestie, c'est se retenir dans l'appréciation de soi. L'humilité, c'est réaliser qu'on fait partie d'un grand Tout, qu'on ne contrôle pas et auquel chacune contribue en incarnant son unicité. On peut être humble, tout en étant fière de ses qualités et de ses réussites !

ÉCRITURE

- Dresse une liste de 20 choses que tu aimes faire et indique chaque fois la date de la dernière fois que tu l'as faite. Fais l'une d'entre elles dans les jours à venir !
- Dresse une liste de 10 choses que tu aimes, mais que tu ne t'autorises pas à faire.

Pourquoi ne te les autorises-tu pas ?

- Dresse la liste de 5 choses dont tu es fière, et prononce-les à voix haute, même devant ton entourage, pourquoi pas !

MANTRA

Je m'autorise à faire ce qui me met en joie.
Je suis la meilleure version de moi-même
et je contribue au Monde. Je nourris et incarne
ma Médecine personnelle.

L'INTUITION

> « CE QUE JE SUIS EN TRAIN DE DIRE, C'EST QU'IL FAUT VOULOIR SE LAISSER GUIDER PAR NOTRE INTUITION, ET ENSUITE VOULOIR SUIVRE CE GUIDE, SANS DÉTOUR ET SANS PEUR. »
>
> Shakti Gawain

La magie… L'âme agit… L'intuition, c'est le dialogue entre les mondes visible et invisible, c'est la part de magie qu'on porte en soi.

L'Univers crée à travers toi. L'intuition, c'est ta boussole intérieure ! C'est la partie de toi qui sait déjà, qui connaît les réponses à tes questions ! C'est la Femme Sage (voir page 23) que tu portes en toi ! Ça peut paraître effrayant de se fier à son intuition plutôt qu'à sa raison. Pourtant, ton intuition t'invite à écouter ta vérité intérieure et à te défaire des injonctions et des conditionnements.

En te connectant à ton intuition, tu vas gagner confiance en toi, en tes ressentis. Car personne d'autre que toi-même ne peut te dire quoi faire ni comment. Tu sais déjà ! Le plus difficile, c'est de dépasser les peurs, les croyances limitantes pour s'autoriser à sauter le pas.

Tu ne comptes que sur toi-même, tu te réappropries la responsabilité de ta vie et ta puissance !

Plus tu es à l'écoute de ton intuition, réceptive, plus tu accueilleras ce qu'elle te dit avec facilité.

Ton intuition est particulièrement forte pendant tes règles. N'hésite pas à te relier à l'archétype de la Femme Sage pour traverser les prochaines pages.

JOUR 25

RECONNAÎTRE SON INTUITION

COMMENT RECONNAÎT-ON SON INTUITION ?

Parfois, tu la sentiras comme une sensation dans ton corps. Si tu as l'impression que ton corps s'ouvre ou vibre, c'est qu'elle te dit OUI ! Si, au contraire, tu sens ton corps se rétracter, comme quelque chose qui bloque à l'intérieur, ton intuition te dit NON.

Parfois, ça pourra simplement être une évidence, ou une impression fulgurante que c'est LA chose à faire. Parfois, ce sera comme un pressentiment.

Au fur et à mesure que tu te rends réceptive, tu sauras très vite distinguer quand c'est ton intuition qui te guide ou quand c'est ton mental.

MANTRA

Je ressens ce qui me met en joie.

EXERCICE

Par exemple, exerce-toi ne serait-ce que pour choisir une pizza. Ton mental va te dire de prendre plutôt celle-ci, parce qu'elle est originale, que tu ne la manges pas chez toi, que tu as déjà pris l'autre la dernière fois. L'intuition te dira celle que tu as vraiment envie de manger.

Tu saisis la différence ?

Tu peux reproduire l'exercice avec une destination pour un week-end, ou même pendant une balade. Prends le temps, sois présente, et sens quel chemin t'attire plus que l'autre, celui qui te met le plus en joie.

JOUR 26

L'INTUITION PERSONNIFIÉE

La méditation peut être un super outil pour te connecter à ton intuition. Voici une méditation guidée pour la rencontrer.

MANTRA

Je rencontre mon intuition
et me connecte à elle.

MÉDITATION

Tu peux t'enregistrer en train de lire lentement la méditation pour te permettre de te laisser guider, puis la réécouter quand tu en as envie.

Assieds-toi confortablement, le dos droit pour permettre à ton énergie de circuler. Ferme les yeux. Connecte-toi à ta respiration sans la modifier, sens l'air entrer dans ton corps par tes narines, jusque dans tes poumons. Il te fait gonfler le ventre. Puis l'air ressort.

Quand tu te sens calme, imagine que tu descends 3 marches, en toute conscience, pour descendre un peu plus en toi, dans ton univers intérieur... 3 - 2 - 1.

En bas de la dernière marche se trouve une porte, tu la pousses, et tu te retrouves dans ton univers intérieur, celui dans lequel tu te sens bien.

C'est ici que tu peux communiquer directement avec ton intuition, elle vient à ta rencontre.

Est-elle un animal, une personne, un arbre, le vent qui vient caresser ta peau ?

Prends le temps de t'imprégner de sa présence ; elle est la partie de toi qui sait. Tu peux lui faire confiance, elle est là pour te guider. Tu peux lui poser des questions, elle te répondra. Quand tu sens que tu as fini, reviens à toi, bouge tes doigts et tes orteils, reprends conscience de ta largeur, ta hauteur, ta densité, ta présence dans cette pièce. Et ouvre les yeux.

BONUS

Tu peux réaliser un vision board de la façon dont tu perçois ton intuition.

JOUR 27
DÉESSE INTÉRIEURE

Ta déesse intérieure, c'est ton intuition personnifiée dans une version Beyoncé, *badass* de toi.

Celle que tu es réellement, pas celle que tu crois devoir être. Elle ne se laisse pas guider par la peur du manque et ne se laisse dicter sa vie par personne. Elle est libre ! Libre de toutes les peurs et des croyances limitantes. Voici une visualisation pour la rencontrer.

MÉDITATION

Tu peux t'enregistrer en train de lire lentement la méditation pour te permettre de te laisser guider, puis la réécouter quand tu en as envie.

Installe-toi confortablement, le dos droit, pour que l'énergie circule bien dans ton corps. Prends le même chemin qu'hier, pour accéder à ton univers intérieur.

Tu prends un chemin et, au loin, tu vois une silhouette venir vers toi.

Tu vas à sa rencontre et t'aperçois que c'est toi, en version *badass* !

C'est ta déesse intérieure !

À quoi ressemble-t-elle ? A-t-elle un/des message(s) pour toi ?

Que ressens-tu au contact de son énergie ?

MANTRA

J'incarne ma déesse intérieure.

CHER SUPER MOI-MÊME...

Tu peux aussi écrire une lettre de ta déesse intérieure à toi. Avant de te coucher, pose une question, et note-la sur ton carnet. Par exemple : « Qu'est-ce qui est requis de moi par rapport à telle situation/personne... ? » Le lendemain matin, au réveil, avant même de prendre ton petit déjeuner, écris, sans réfléchir, ce qui te vient, comme si ta déesse intérieure s'adressait directement à toi. Le mental n'a pas le temps de prendre le dessus, c'est ton intuition qui guide. Tu pourras être surprise du résultat... ou pas du tout !

JOUR 28

S'OUVRIR AUX SYNCHRONICITÉS

Les synchronicités, ce sont des coïncidences qui n'en sont pas... C'est comme si l'Univers t'envoyait des messages ou des signes pour t'aider à grandir et évoluer. Ta vie devient plus magique et plus facile ! Pour les voir, il faut se rendre réceptive, faire silence autour de soi, pour écouter en soi.

MANTRA

L'Univers agit en secret pour ma réussite, mon plus grand bien et celui de l'humanité.

LES CARTES ORACLES

Ce sont des jeux de cartes. La plupart s'utilisent pour une guidance intérieure et sont d'une aide précieuse pour te connecter à ton intuition. Cherches-en sur Internet ou en boutique spécialisée et, comme d'habitude, laisse-toi guider par celles qui t'appellent.

RITUEL

Ouvre ton espace sacré. Demande à voix haute à recevoir aujourd'hui ou cette semaine des signes, des synchronicités pour te guider (tu peux préciser une situation). Fais appel à la guidance de la Femme Sage (voir page 23).

Prête attention, et vois si quelque chose t'interpelle : un animal, un mot qui revient souvent... Tu peux également ouvrir un livre qui t'appelle, avec la foi que tu vas tomber exactement sur ce que tu as besoin de lire aujourd'hui.

JOUR 29

SE CONNECTER À L'INSTANT PRÉSENT

Être connectée à l'instant présent te permet d'être réceptive aux messages et aux synchronicités.

Quand tu te sens triste, tu es dans le passé ; quand tu te sens inquiète ou anxieuse, tu es dans le futur. On ne peut pas savoir ni contrôler de quoi sera fait le futur, on n'a pas ce pouvoir !

Le seul moment où tu incarnes ta puissance, c'est le moment présent, quand tu te connectes au monde autour de toi. Quand tu lâches prise et que tu acceptes ce qui est (pas ce qui pourrait être), alors tu t'ouvres à de fabuleux miracles ! Tu es réceptive aux synchronicités et tu sais intuitivement la prochaine action juste à faire.

BOUÉE DE SECOURS

Quand quelque chose te tracasse, voici un proverbe bouddhiste auquel tu peux penser : Tout problème a une solution, il ne sert à rien de s'inquiéter car la solution existe. Et si la solution n'existe pas, alors s'inquiéter n'y changera rien.

ÉCRITURE

Tu peux refaire l'exercice de la page 34. La gratitude te permet de revenir au moment présent.

MARCHE EN CONSCIENCE

Sors marcher, en toute conscience, sans aucun but précis. Sois pleinement présente à ta balade, à ce qui t'entoure, à ce que tu vois, entends, sens...

Comme la Femme Sage nous l'enseigne, ralentis le rythme et contemple.

MANTRA

Je suis toujours au bon endroit au bon moment.

POUR CONCLURE...

Tu as semé les graines pour t'éveiller à ton Féminin sacré !
À toi de les nourrir, n'hésite pas à aller explorer autour de toi et à te laisser porter là où ton intuition t'emmène !

N'oublie pas que nous portons en nous les énergies et les rythmes de l'Univers. Nous incarnons la magie et la puissance pour réenchanter le monde et le transformer, dans le respect et l'amour de toute forme de vie. Le sacré est partout, en nous et autour de nous !

Tu peux te rapprocher de cercles de femmes pour vivre ton éveil au sein de la sororité, cet élan vibrant et communicatif, ce lien si fort que notre nature cyclique crée entre nous toutes. Julia Cameron affirme que ta « propre guérison constitue le plus grand message d'espoir pour les autres ». Alors parles-en, partage ton expérience, partage ce livre pour essaimer les graines autour de toi. Pour que chacune sache que la source n'est nulle part ailleurs qu'à l'intérieur de nous...

Mélissandre

BIBLIOGRAPHIE

- *La Femme solaire : la fin de la guerre des sexes ?*, Paule Salomon, Le Livre de Poche, 2001.
- *Les 13 Mères originelles : la voie initiatique des femmes amérindiennes*, Jamie Sams, Éditions Véga, 2011.
- *Lune rouge : les forces du cycle féminin ?*, Miranda Gray, Macro Éditions, 2017.
- *La Femme optimale : un programme de 28 jours pour découvrir les énergies créatrices du cycle féminin et s'épanouir ?*, Miranda Gray, Le Courrier du Livre, 2015.
- *Le Grand Mystère des règles : pour en finir avec un tabou vieux comme le monde ?*, Jack Parker, J'ai Lu, 2018.
- *Ceci est mon sang : petite histoire des règles, de celles qui les ont et de ceux qui les font*, Élise Thiébaut, La Découverte, 2017.
- *Être soi suffit – Créer sa vie en étant soi*, Lyvia Cairo, Librairie Eyrolles, 2018.
- *Vivre avec la lune, c'est la vie !*, Aurore Widmer, First Éditions, 2018.
- *Âme de sorcière, ou la magie du féminin*, Odile Chabrillac, Solar, 2017.
- *Le réveil des gardiennes de la Terre : guide pratique d'écothérapie*, Marianne Grasselli Meier, Le Courrier du Livre, 2018.
- *Rituels de femmes : pour s'épanouir au rythme des saisons*, Marianne Grasselli Meier, Le Courrier du Livre, 2016.
- *Rituels de femmes : pour se reconnecter à la Femme Source*, Ève Fouquet, Le Courrier du Livre, 2016.
- *Rituels de femmes : pour s'ouvrir à la magie de la vie*, Naty Davillars, Le Courrier du Livre, 2017.
- *La Puissance du Féminin*, Camille Sfez, Edition Leduc S, 2018.

À PROPOS DE L'AUTEURE

Je me sens appelée à honorer Femmes et Nature, pour moi indissociables et indispensables à la vie sur Terre.
Renouer avec notre nature sauvage et sacrée, pour la révéler dans toute sa puissance et sa magie,
et réenchanter le Monde.

www.greensoul.fr
https://www.instagram.com/greensoulmelissandre/

REMERCIEMENTS

Merci à l'Univers pour toutes les personnes dont j'ai croisé la route…
Marion, ma mère veilleuse, ma marraine enchantée.
Lyvia & Maude, pour les graines semées dont j'avais besoin pour grandir.
La Sourcière, qui m'a soufflé à l'oreille la piste du Féminin…
Mes sœurs Moonrise, et toutes les femmes en chemin sur l'éveil du Féminin sacré,
et aux hommes qui se tiennent à nos côtés.
La Terre Mère pour sa protection et son abondance sans faille, et tous ses messagers.
Les éditions Marabout pour cette belle aventure, spécialement Emmanuelle pour son soutien bienveillant,
et son travail génial !
Julie pour ses magnifiques illustrations.
Et toutes celles et ceux qui m'inspirent au quotidien et me permettent de grandir.
Tu peux utiliser le #femininsacremarabout pour partager ton expérience et nous relier toutes.

PAPIER À BASE DE FIBRES CERTIFIÉES

MARABOUT
s'engage pour l'environnement en réduisant l'empreinte carbone de ses livres.
Celle de cet exemplaire est de :
500 g éq. CO_2
Rendez-vous sur
www.marabout-durable.fr

Achevé d'imprimer en janvier 2019, sur les presses de Macrolibros en Espagne pour le compte des Éditions Marabout (Hachette Livre), 58 rue Jean Bleuzen Vanves Cedex.
Dépôt légal : février 2019 – 1106776 – 978-2-501-13788-1